servicio

VIRTUDES DE MI CORAZÓN

Escrito e ilustrado por Melissa López Charepoo

Texto e ilustraciones
©2020 Melissa López Charepoo

Primera edición publicada en 2020. Reimpresión 2026.

ISBN 978-1-971750-21-7 (tapa blanda)

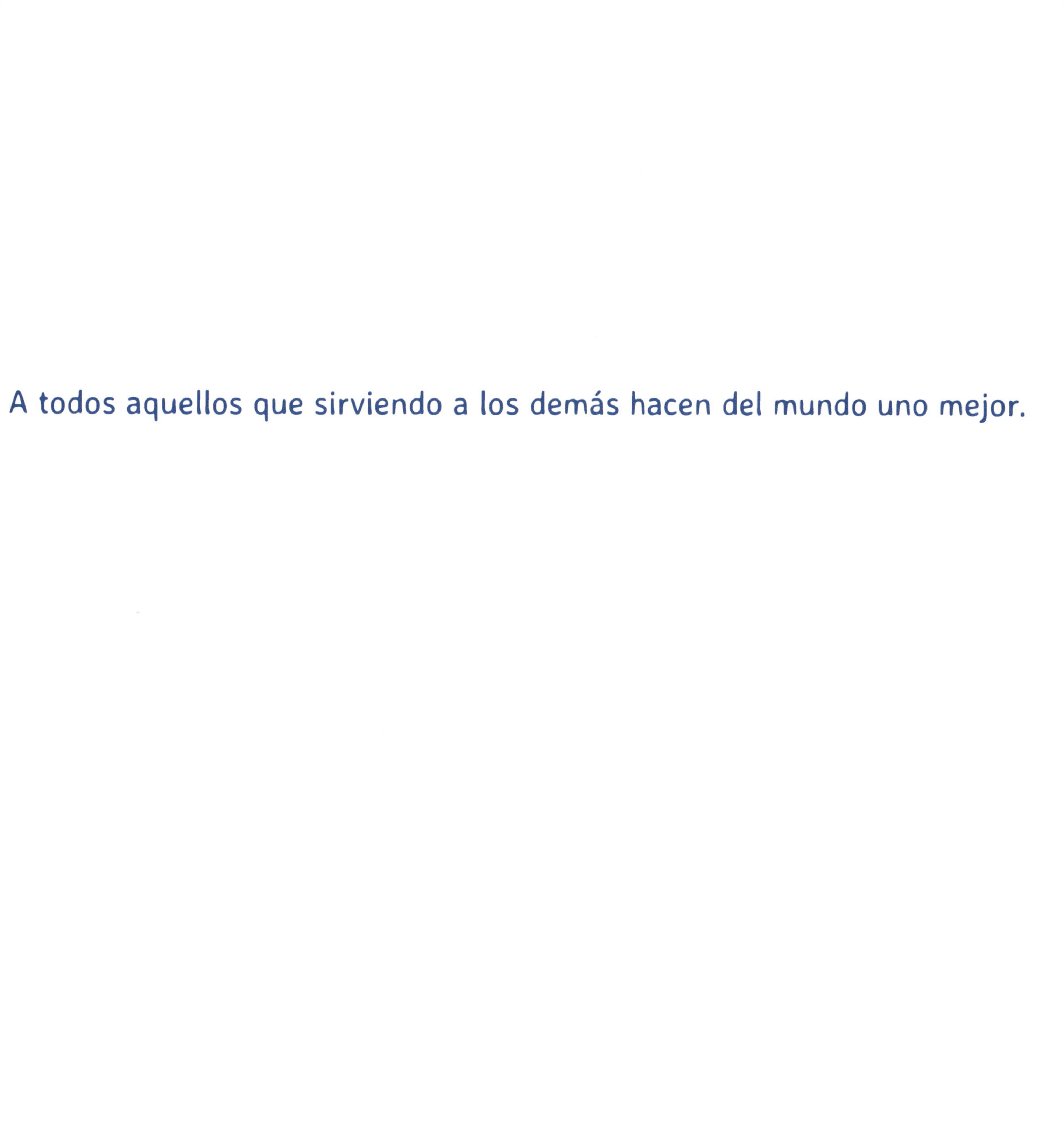

A todos aquellos que sirviendo a los demás hacen del mundo uno mejor.

¿Alguna vez te has preguntado que significa la palabra **servicio**?

Servicio es el acto de ayudar a todo aquel que lo necesite sin esperar nada a cambio. Es una virtud o una buena cualidad de nuestro corazón. El servir a los demás alegra nuestros corazones y nos ayuda a desarrollar otras virtudes. Puede ser un proyecto complejo o un simple acto de amabilidad. ¡Podemos esforzarnos por ser serviciales en cualquier lugar donde estemos!

En casa, siempre busco oportunidades para servir a mi familia. Mostramos **amor** a nuestras familias cuando somos serviciales. Mi acto favorito de servicio en casa es ayudar a mamá a guardar el mercado en la alacena.

¿Con qué actos de servicio le muestras **amor** a tu familia?

En la escuela, siempre estoy deseoso de ayudar a mi maestra y a mis compañeros. Demostramos **amabilidad** cuando ayudamos a un amigo a contestar una duda. Uno de mis actos favoritos de servicio es cuando ayudamos a nuestra maestra a organizar el salón de clase luego de un largo día de aprendizaje.

¿Cómo muestras **amabilidad** al servir a otros en la escuela?

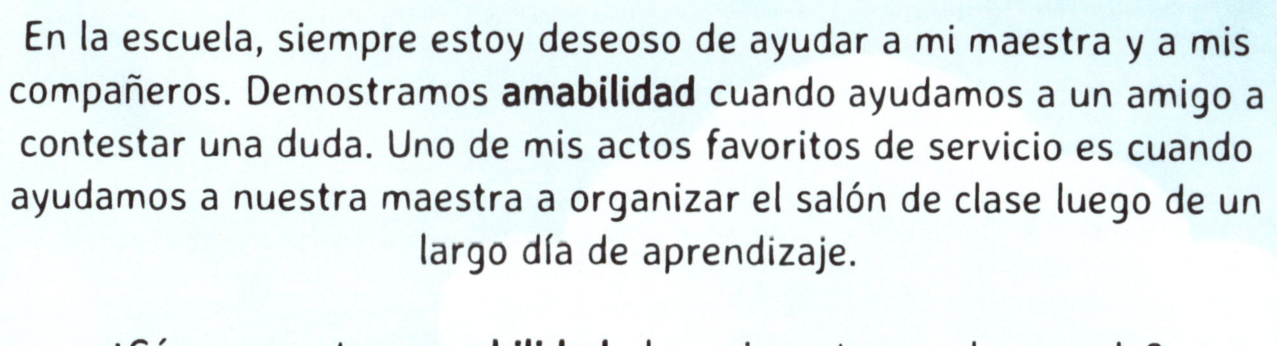

En el parque, siempre estoy pendiente de mi entorno. Demostramos **compasión** con nuestros amigos cuando velamos por su seguridad. Siempre trato de ayudar a un amigo cuando se tropieza, y si me doy cuenta de que mi amigo se ha hecho daño, inmediatamente le notifico a un adulto.

¿Cómo muestras **compasión** a través del servicio a tus amigos?

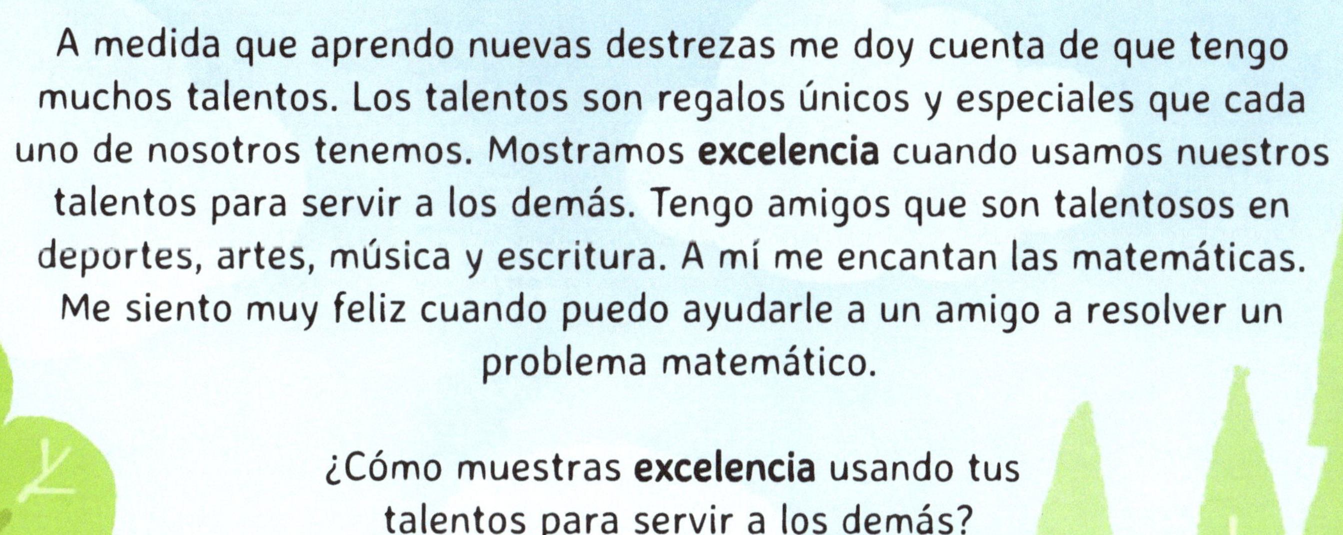

A medida que aprendo nuevas destrezas me doy cuenta de que tengo muchos talentos. Los talentos son regalos únicos y especiales que cada uno de nosotros tenemos. Mostramos **excelencia** cuando usamos nuestros talentos para servir a los demás. Tengo amigos que son talentosos en deportes, artes, música y escritura. A mí me encantan las matemáticas. Me siento muy feliz cuando puedo ayudarle a un amigo a resolver un problema matemático.

¿Cómo muestras **excelencia** usando tus talentos para servir a los demás?

En mi comunidad, puedo identificar necesidades específicas y crear un plan de servicio. Cuidamos a nuestros vecinos cuando les ayudamos. Construimos lazos de **amistad** cuando los invitamos a servir con nosotros. Recientemente, nos dimos cuenta de que, a los adultos mayores de nuestra comunidad se les dificulta limpiar sus patios. Mis amigos y yo, con la ayuda de nuestros padres, decidimos servirles.

¿Cuáles son las necesidades de tu comunidad? ¿Cómo les muestras a tus vecinos que te importa su bienestar? ¿Cómo construyes lazos de **amistad** sirviendo con otros?

Espero que a medica que crezco, el servir a los demás se vuelva parte fundamental de mi vida diaria. Mostramos **compromiso** con nuestras comunidades cuando escogemos una carrera que usa nuestros talentos para beneficiar a otros. Como a mi me gustan las matemáticas espero algún día ser un científico y poder ayudar a la humanidad con nuevos descubrimientos.

¿Qué te gustaría ser cuando crezcas? ¿Cómo mostraras tu **compromiso** con tu comunidad volviéndote eso?

Podemos servir a nuestro país también. Algunas veces ocurren desastres naturales y demostramos **empatía** cuando entendemos los sufrimientos de los demás y ayudamos a nuestros compatriotas en tiempos de necesidad. Hace un año un huracán afectó un área cercana de donde nosotros vivimos. Mi familia y yo fuimos a ayudar a los necesitados.

¿Cómo muestras **empatía** sirviendo a tu país?

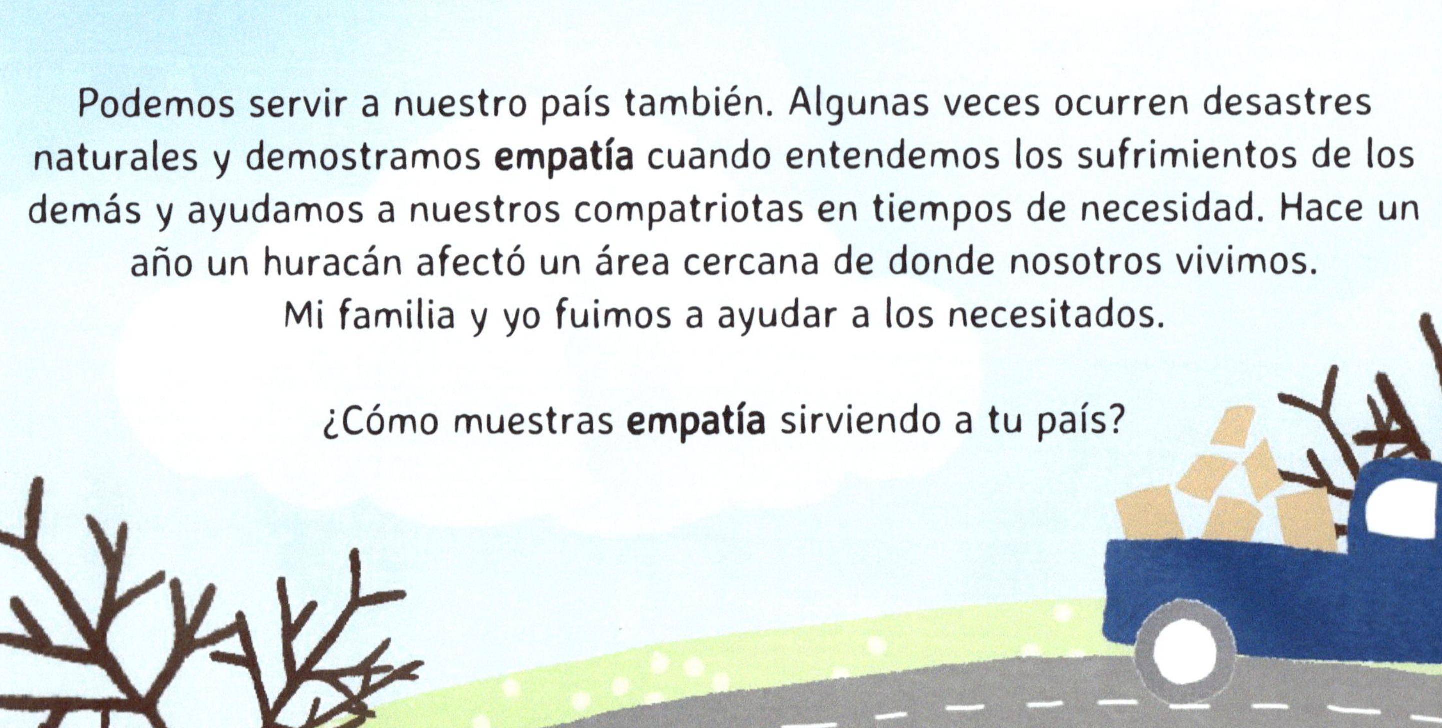

Como ciudadanos del mundo, sé que no importa cuan pequeños sean mis actos de servicio, siempre harán una diferencia en el mundo. Construimos lazos de **unidad** cuando pensamos no solamente en ayudar a nuestro país, sino al mundo entero. En casa, reciclamos para ayudar al ambiente, ya que nos afecta a todos. ¿Puedes imaginar a un mundo donde todo el mundo se esfuerza por servir a los demás? ¡Sería un mundo mejor!

¿Cómo promueves **unidad** haciendo actos de servicio a nivel local que contribuyen a todo el mundo?

Como ves, podemos esforzarnos en **servir** a los demás en cualquier lugar donde nos encontramos. Al ofrecer actos de servicio, desarrollamos otras virtudes en nuestros corazones, como: el amor, la amabilidad, la amistad, la excelencia, el compromiso, la empatía y la unidad.

No importa cuán grande o pequeño sea nuestro acto de **servicio**, el resultado siempre es el mismo. Nuestros corazones se regocijan cuando ofrecemos servicio a los demás sin esperar nada a cambio.

Glossary

compromiso: dedicarse a una causa o persona

compasión: cuidar de otras personas

empatía: es la habilidad de entender o compartir los sentimientos de los demás

excelencia: ser extremadamente bueno en algo

amistad: una relación en la que se tiene un lazo de mutuo afecto con alguien

amabilidad: cualidad de ser amistoso, generoso y considerado

amor: es la cualidad que nos permite tener un sentimiento profundo hacia alguien o algo

servicio: es el acto de ayudar a otros sin esperar nada a cambio

unidad: ser parte de un todo, estar en unión y armonía con otros

virtud: comportamiento que demuestra altos estándares morales, buenas cualidades de nuestro corazón

Referencias

Tarjetas, The Virtues Project

Diccionario Oxford

Agradecimientos:

A mi amado esposo Darioush Charepoo por todo su apoyo.

A nuestros hijos por ser la inspiración.

A Leanna Guillén Mora por ayudar con la edición del libro.

A Marcela Lemus por ayudar con la revision de la traducción en español.